COMPTE RENDU DES TRAVAUX

De la XIe Session des Congrès Internationaux

D'ARCHÉOLOGIE PRÉHISTORIQUE

ET D'ANTHROPOLOGIE

SOCIÉTÉ D'ANTHROPOLOGIE DE LYON

— SÉANCE DU 2 NOVEMBRE 1892 —

COMPTE RENDU DES TRAVAUX

De la XIe Session des Congrès Internationaux

D'ARCHÉOLOGIE PRÉHISTORIQUE

ET D'ANTHROPOLOGIE

PAR

ERNEST CHANTRE

Délégué du Ministère de l'Instruction publique

LYON

IMPRIMERIE ALEXANDRE REY

4, RUE GENTIL, 4

1893

COMPTE RENDU DES TRAVAUX

De la XIe Session des Congrès Internationaux

D'ARCHÉOLOGIE PRÉHISTORIQUE

ET D'ANTHROPOLOGIE

Conformément à la décision prise à Paris, en 1889, à la suite de la pressante insistance des anthropologistes russes, la XIe session des Congrès internationaux d'archéologie préhistorique et d'anthropologie s'est tenue cette année à Moscou.

Près de 600 adhérents, dont 200 Français environ, s'étaient fait inscrire. Malheureusement, le choléra a empêché beaucoup de savants de se rendre à cette réunion [1].

Une centaine de Russes y étaient venus de tous les points de l'empire, depuis la Sibérie jusqu'au Caucase, et à côté d'eux on ne remarquait guère plus d'une trentaine d'étrangers. Parmi ces derniers, les Français étaient en majorité : c'étaient MM. Barthélemy, de Baye (et Mme), Blanc, Chantre (et Mme), Haumant (et Mme), le comte de Fleury, le Dr Janet, le Dr Poussier, le comte de Kergaradek (ce dernier est notre consul général à Moscou). Les Allemands étaient représentés par MM. R. et H. Virchow et Grempler. L'Autriche, par le professeur Bruzina ; la Belgique, par le baron de Loë ; l'Italie, par M. Sergi ; le Danemark, par Waldemar Schmidt ; la Suisse, par le professeur Kollmann ; la Turquie, par Halil Edhem bey.

[1] Extrait d'un rapport adressé à M. le ministre de l'Instruction publique par M. Ernest Chantre, délégué du ministère aux Congrès de Moscou.

Parmi les noms des savants russes, on doit placer en tête celui de l'illustre et sympathique professeur Bogdanow et celui de la comtesse Ouvarow. Dans la section des géologues ceux de MM. Nikitine, Tschernyschev, Dokoutchaïev. Dans la section des archéologues ceux de MM. Ivanovski, Koudradzev, prince Ponjiatine, comte Bobrinski, Peredolsky, Savenkov, Spitzine, Sizoff, Troutowski, Troïtzky, etc., etc. Chez les anthropologistes : MM. Anoutchine, Bogdanow, Guiltchenko, Kavraïvski, Lygine, Ratzvetoff ; M. et A. Tikhomiroff, Zograf.

On a tenu huit séances pendant lesquelles ont été faites quarante-quatre communications ; une quinzaine de mémoires envoyés n'ont pu être lus pendant le Congrès.

Le bureau a été ainsi composé :

Président d'honneur, protecteur du Congrès, S.-A.-I. le grand-duc Serge, gouverneur de Moscou.

Président : le prince Galitzine.

Secrétaire général : M. Anoutchine.

Vice-présidents : MM. Bogdanow, E. Chantre, Halil Edhem bey, de Loë, Kollmann, Sergi, Waldemar Schmidt, R. Virchow.

Secrétaires : de Baye, A. Tikhomiroff, Troutowski, Hans Virchow.

Conseil : MM. le comte Bobrinski, baron de Buhler, Dumouchel, Doukhowski, Grempler, Kantaref, Kondratowitch, Malieff, Ratzwetoff, Stepanoff, Samokwasoff, M. Tikhomiroff, Żabeline, Zograf.

Le Congrès s'est ouvert le 1er/13 août à l'Université, sous la présidence du prince Galitzine et en présence de LL. AA. II. le grand-duc Serge, protecteur du Congrès, et la grande duchesse Elisabeth.

Après l'allocution du prince Galitzine, Son Altesse le grand-duc a souhaité la bienvenue dans les murs de Moscou aux savants étrangers venus en dépit du choléra et de la distance.

Le professeur Virchow a ensuite prononcé un long discours sur les *Problèmes à étudier par les Congrès préhistoriques*.

M. Virchow rappelle que c'est principalement dans le domaine de l'archéologie que des données précises ont été acquises; quant à l'anthropologie préhistorique, les documents qu'elle possède sont encore trop peu nombreux et l'anthropologie générale même, trop peu avancée, pour que l'on espère pouvoir arriver prochainement à des conclusions sur l'origine et la filiation des races primitives. Fidèle à ses idées antitransformistes, l'illustre professeur repousse énergiquement toutes les théories tendant à trouver une proche parenté entre l'homme et quelque animal défini.

Ce discours a été suivi de la communication du baron de Loë sur l'*Age du bronze et les premiers âges du fer en Belgique*, et de celle de M. Kollmann sur la *Craniométrie*.

Le lendemain de l'ouverture du Congrès, LL. AA. II. ont réuni chez eux, à l'occasion d'un brillant raout, les membres du Congrès et les notabilités de Moscou. Pendant toute la semaine qu'a duré le Congrès, des fêtes, des banquets, des divertissements n'ont cessé d'être offerts aux étrangers. L'accueil le plus cordial, l'hospitalité la plus grandiose, tel est, en résumé, ce que nous avons trouvé à Moscou et dont nous gardons un souvenir ineffaçable.

Les fêtes inaugurées par le raout du grand-duc se sont terminées par un banquet d'adieu offert à l'Ermitage, et une soirée donnée par le maire de Moscou, Alexeieff, dans le palais municipal.

Des excursions dans les environs, des visites aux monuments, aux musées et établissements d'enseignement de Moscou, ont pris tout le temps libre entre les séances qui avaient lieu dans les salles de la Nouvelle Université.

PROGRAMME GÉNÉRAL DU 1er AU 9 AOUT

Chaque jour, de 9 heures à midi, séance.

31 juillet/12 août. — Réunion préparatoire et banquet au Slavanski bazar.

1/13. — Séance solennelle d'ouverture à la vieille Université, en présence de LL. AA. II.

2/14. — Raout chez le grand-duc.

3/15. — Visite du Kremlin, de la Cathédrale et du Musée des armes.

Dîner chez M. Mitchiner, trésorier du Congrès, dans son chalet de Petrovski Razoumosky park.

Déjeuners fréquents à l'Université après les séances.

4/16. — Ouverture de l'exposition archéologique et géographique.

Visite du Temple du Sauveur.

5/17. — Visite des archives du Ministère de la Justice et du couvent de Novodewitch.

Excursion à la montagne des Oiseaux (banquet). Soirée chez la comtesse Ouvarow.

6/18. — Visite des archives des Affaires étrangères et de la galerie Roumiantzev.

7/19. — Visite des cliniques et de la galerie de tableaux Tretiakov.

8/20. — Séance solennelle de clôture.

Banquet à l'Ermitage.

9/21. — Soirée donnée par le maire Alexieff, dans le palais municipal.

La session de Moscou a été, sans contredit, l'une des plus brillantes à tous égards qu'aient eu les Congrès internationaux d'archéologie et d'anthropologie.

Dans aucune des sessions précédentes, la partie biologique des sciences anthropologiques n'a eu une aussi large part dans les travaux présentés.

On peut attribuer, sans doute, cette particularité à l'heureuse circonstance que les deux Congrès internationaux de zoologie et d'anthropologie avaient lieu cette année à Moscou à la suite l'un de l'autre. Un certain nombre de naturalistes ont pu prendre part ainsi aux deux réunions. Il est à remarquer que, dans plusieurs autres sessions, on avait constaté avec regret la rareté ou l'abstention des anthropologistes biologistes, car il est difficile d'admettre que la paléoethnologie puisse être complètement étudiée sans le secours de l'anthropologie physique. Au reste, la connaissance des peuples actuels est indispensable pour arriver à celle des populations préhistoriques, et pourtant leur étude n'entrait jusqu'à ce jour dans aucun des programmes des Congrès internationaux. Sans modifier son but, l'institution des Congrès internationaux d'anthropologie et d'archéologie préhistorique a donc légèrement agrandi son cadre primitif, et l'on doit féliciter les organisateurs de la réunion de Moscou d'en avoir pris l'initiative.

Je résumerai ici brièvement quelques-unes des communications les plus intéressantes qui ont été présentées dans les séances du congrès.

Anatole Bogdanow. — *Quelle est la race la plus ancienne de la Russie centrale?* — Sous ce titre, M. le professeur Bogdanow présente au Congrès un important et brillant mémoire dans lequel il expose les conclusions auxquelles l'ont conduit vingt-cinq années d'études persévérantes.

Sans pouvoir entrer ici dans les détails intéressants fournis par M. Bogdanow, il résulte de ses recherches, dirigées surtout sur les crânes renfermés dans les kourganes de la Russie centrale et méridionale, région occupée plus spécialement par des peuplades pacifiques, et par cela même moins exposée aux mélanges ; il résulte, disons-nous, que dans les localités kourganiennes de Sondja, Podolsk, Minsk, Poltava, Jaroslav, les crânes offrent une dolichocéphalie très homogène. Ce n'est que dans les temps les plus rapprochés de nous que la brachycéphalie commence à jouer un rôle important.

« Ce peuple aborigène de la Russie était dolichocéphale, dit M. Bogdanow, avait la tête bien conformée, le front bien dessiné, pas fuyant, la face longue; très probablement il ressemblait aux Scythes dont le type a été décrit par M. Zabeline..... Dans les kourganes plus anciens, on trouve la vraie dolichocéphalie plus prononcée que dans les kourganes modernes où, à la vraie dolichocéphalie se mêle la subdolichocéphalie. Je regarde ces deux derniers groupes comme appartenant à la même race primitive. »

Ces dolichocéphales étant répandus en Occident et au Nord, en Autriche, en Allemagne, en Suède, probablement en Danemark, le professeur Bogdanow pense que le nom qui leur convient le mieux est celui d'*Européens primitifs dolichocéphales leptoprosopes.*

« Cette race primitive des dolichocéphales leptoprosopes, dit encore M. Bogdanow, se subdivisa avec le temps en peuplades différentes, et acquit des traits mixtes et différents, en habitant différentes localités, en subissant différentes influences. La localisation plus ou moins grande des formes organiques amène toujours la création de variétés stables et caractéristiques. La même race vivant au centre du pays, dans les localités peu accessibles aux invasions, ou sur les frontières, côte à côte avec les races d'une autre origine, ou sur les grandes routes des invasions, présentera après quelques générations des variations assez tranchées, même dans la structure du corps. »

C'est pourquoi, « d'une même race dolichocéphalique primordiale se sont formées, avec le temps, les différentes peuplades que les historiens ont appelées les Polianes, les Drevlianes, les Krivilski, les Séverianes, etc. »

Ces noms sont tirés du mode d'existence ou de la provenance de ceux qui les portaient, car ils signifient : champs, forêts, les gens du nord, etc. Il en est de même pour les noms des Tchoudes (étranges ou étrangers), des Variagues (vauriens), ainsi nommés parce qu'ils passaient leur vie à guerroyer et à piller; le nom des Scythes était une désignation géographique et non une race, etc., etc.

En résumé, « les grands Russes ont si bien assimilé les races dites finnoises, non pas parce qu'ils étaient Finnois eux-mêmes, mais parce que les peuplades finnoises et les habitants de la Russie centrale provenaient d'une même race primitive dolichocéphale. »

D'après M. Bogdanow, la prépondérance de la brachycéphalie en Russie qui s'accentue de plus en plus avec le temps, n'est pas un résultat exclusif du mélange avec les peuples brachycéphales, c'est un résultat des progrès de la civilisation. Les traits distinctifs du sauvage : front fuyant, occiput saillant, points d'attache des muscles très grossiers, arcs orbitaires souvent très développés, tout cela s'efface avec la civilisation, avec une vie réglée, plus assurée. « Le front augmente en hauteur et en largeur ; la partie occipitale prend une meilleure conformation ; le diamètre transversal s'accroît ; la longueur de la tête diminue, etc., etc. »

Bref, il résulte d'après l'auteur, que le dolichocéphalisme s'éteint de plus en plus en Europe, où les têtes deviennent plus belles, plus grandes. Le lieu de provenance de ces dolichocéphales doit être recherché, croit l'auteur, sur les bords du Danube, où, actuellement encore, règne la dolichocéphalie d'une manière prépondérante. Il y a dû avoir plusieurs courants, l'un du Nord, par le Dniépr dans la Russie Blanche ; l'un de l'Est, par Minsk, Jaroslav, Moscou ; l'un enfin de l'Ouest, par la Galicie, la Vistule et le Danube.

Cette communication a donné lieu à une longue et intéressante discussion, à laquelle ont pris part MM. Bobrinski, Sergi, Kollmann, Virchow et Chantre.

M. Zograf. — *Les types anthropologiques des Grands Russes des gouvernements du centre de la Russie.* — En 1886, M. Zograf avait été chargé par la section d'anthropologie de la Société impériale des amis des sciences naturelles de faire une excursion anthropométrique dans les régions centrales de la Grande-Russie. Dans ce but, il a choisi les gouvernements de Vladimir Iaroslav et

Kostroma, ceux-ci étant regardés par l'ethnographie et l'histoire russes comme le centre d'où s'est répandu sur toute la surface de la Russie le peuple des Grands Russes. Après les invasions des Mongols, et les guerres civiles, c'est aussi là que se réfugia la population de la Russie, et où elle se concentra pour former une solide unité politique. Après avoir fondé Moscou, chassé ses maîtres les Tatars, cette population, aujourd'hui si puissante, est parvenue à étendre sa domination sur un sixième du globe terrestre.

Outre ses observations anthropométriques, ainsi que celles de son aide, l'étudiant Nicolas Lygine, M. Zograf a eu la chance de profiter des rapports des Conseils de revision militaire, ce qui lui a fourni 28.793 données concernant la taille, la circonférence de la poitrine, la hauteur des membres inférieurs, la couleur des yeux et des cheveux. Ces faits réunis à ses recherches personnelles ont eu pour résultat un grand mémoire sur l'anthropologie de la population des régions centrales de la Grande-Russie qui vient de paraître et qu'il a présenté au Congrès [1].

D'après le savant anthropologiste de Moscou, la population de la Grande-Russie centrale présente trois types : un type de haute taille, un autre de petite taille, et un troisième qui présente un métissage de ces deux types et se rapproche de la taille moyenne.

Le premier type d'une taille au-dessus de la moyenne est caractérisé par des cheveux châtain clair ou tout à fait blonds ; il est sous-brachycéphale, proche de la mésaticéphalie et avec des traces de dolichocéphalie. Son indice facial est leptoprosope, voisin de la chamæprosopie. Son indice nasal en fait un leptorhinien, mais proche de la mésorhinie. Le diamètre bi-angulaire est bien développé, mais il ne diffère pas sensiblement des peuples européens. Ce type se présente surtout dans les districts occidentaux du gouvernement de Jaroslav, voisin de celui de Novgorod

[1] *Recherches anthropométriques sur les Grands-Russiens*, 1 vol. in-4, 176 pages, 32 pl., 15 c., 61 fig. dans le texte, nombreux tableaux. Moscou, 1892.

qui est peuplé, suivant l'histoire, par les descendants directs des Slaves novgorodiens fondateurs de l'Etat de Russie.

Le deuxième type, de taille au-dessous de la moyenne, est châtain foncé ou tout à fait brun. L'indice céphalique est purement brachycéphalique, l'indice facial chamæprosope; l'indice nasal mésorhinien, parfois même platirhinien. Le diamètre bi angulaire très développé, donne des chiffres qui se rapprochent de ceux des peuples mongoloïdes. Ce type s'est conservé le mieux dans les districts nord-est du gouvernement de Kostroma, où il a pour voisins dans celui de Wloogda, les Zyrianes et dans celui de Wiatka, les Wotiaks.

Le troisième type, de taille moyenne existe sur toute la surface de la région étudiée, et ses caractères sont communs aux deux types précédents dont il doit être regardé comme le métissage.

Le type blond ou châtain clair, à la haute stature et conservant des traces de dolichocéphalie, est le type slave ou pour mieux dire slavo-lithuanien.

Le type brun, petit, brachycéphale, au visage et au nez large, est le type ouralo-altaïque ou type antique indigène trouvé par les colonies slaves lorsqu'elles vinrent s'établir dans le pays. Les recherches linguistiques, ethnographiques et historiques viennent pleinement à l'appui de ces conclusions, car elles ont trouvé partout, dans la langue, les mœurs, la poésie, l'art, des traces de l'influence des peuples ouralo-altaïques ou finnois. Ainsi ces recherches constatent une fois de plus, mais par une voie tout à fait différente, ce fait connu que les Grands-Russiens présentent le résultat d'un métissage de deux peuples, ou plutôt de deux groupes de peuples probablement d'origine slavo-lithuanienne et ouralo-altaïque.

M. Guiltchenko. — *Le poids du cerveau chez quelques peuples du Caucase.* — Jusqu'à ce jour, aucune recherche n'avait été entreprise sur les cerveaux des peuples du Caucase. M. le Dr Guiltchenko a inauguré en 1887 cette intéressante étude et dans ces dernières années il a pesé plus de 450 cerveaux dans l'hôpital de Vladikavkas.

Ses recherches ont porté en dernier lieu spécialement sur 15 Ingouches, 2 Tchetchênes, 11 Osséthes, 12 Géorgiens, 12 Arméniens, 1 Tcherkesse et 3 Lesghiens.

Après avoir indiqué ses procédés opératoires, M. Guiltchenko décrit minutieusement les cerveaux des 52 sujets qu'il a étudiés.

Je ne saurais entrer ici dans les détails des résultats que ce savant observateur a obtenus dans ses recherches, je dirai seulement qu'il a opéré toujours lui-même, et qu'il a noté avec soin le poids séparé du cerveau entier et celui de ses diverses parties. Il a enfin comparé les poids obtenus avec la hauteur de la taille de ses sujets, leur sexe et leur âge.

Un tableau récapitulatif de ces diverses données montre l'absence de toute corrélation entre une haute taille et un cerveau lourd.

Dr P. Topinard. — *De la race en anthropologie.* — Sous ce titre, M. Topinard, qui n'a pas pu se rendre à Moscou, a envoyé un mémoire qui a vivement attiré l'attention. L'auteur, après avoir exposé l'évolution de ses idées sur la question, arrive à des conclusions qu'on peut ainsi résumer :

« Il y a deux façons de comprendre les races humaines. Dans l'une, on ne considère que les types généraux communs à des fractions étendues de l'humanité et qu'on regarde, à tort ou à raison, comme les expressions de races disparues plus ou moins primitives. Dans l'autre, on envisage les races comme les éléments constituants des peuples, on en cherche les types qu'on multiplie, et que l'on admet comme s'étant perpétués sans changement à travers les bouleversements et les mélanges de l'histoire et de la préhistoire. Dans le premier cas, les races ne sont que les divisions de l'espèce humaine, primitives ou se rapprochant plus ou moins de nous. Dans le second, les races sont de pures conceptions particulières de notre esprit, dans lesquelles le premier élément de la notion de race, le type, dépend de la sagacité personnelle de l'observateur, et le second, la filiation, n'est qu'une hypothèse, commode pour l'étude, mais impossible à démontrer. Dans les deux cas, mais surtout dans le second, la race n'est -

qu'une notion subjective; la seule réalité objective, c'est ce que nous avons sous les yeux : les peuples et les tribus. »

Il résulte de ce qui précède qu'il serait préférable d'employer moins facilement le mot de *race* qui doit être gardé seulement pour les types généraux représentés dans les principales branches de l'humanité. On ne mêlerait plus, dès lors, ce qui est du ressort de l'ethnographie et ce qui est du domaine de l'anthropologie, et l'on écarterait, une fois pour toutes, de cette dernière, la question des nationalités qui lui est étrangère.

La nationalité, produit de l'histoire, n'a de rapport ni avec l'anthropologie, ni avec la race. « Le genre propre d'un peuple, dit en terminant l'auteur, son esprit d'unité, son drapeau tenu haut et ferme, voilà ce qui la caractérise. La nationalité est un fait qui ne s'exprime pas, qui ne se discute pas; c'est une foi qui engendre des héros, des martyrs, qui crée des amis, des admirateurs, mais aussi des ennemis, des envieux! C'est un dogme! »

M. Esnest Chantre. — *Aperçu sur l'anthropométrie des peuples de la Transcaucasie.* — Dans ce mémoire, M. Chantre expose les résultats anthropométriques qu'il a obtenus durant sa mission de 1890 en Arménie russe. Les 676 individus (dont 112 femmes) qu'il a étudiés se rapportent à dix peuples différents : Arméniens, Aderbeïdjanis, Kurdes, Tadjiks, Hadjémis, Afghans, Aïssori, Juifs, Kalmouks et Lesghiens. Il résulte de ces recherches que les peuples, étudiés en Transcaucasie peuvent être caractérisés de la manière suivante :

1° Les Arméniens sont presque tous brun foncé, brachycéphales, mésatifacials, leptorhiniens et de taille au-dessus de la moyenne;

2° Les Aderbeïdjanis sont brun foncé; dolichocéphales, dolichoprosopes, leptorhiniens, et de taille au dessus de la moyenne.

3° Les Kurdes, brun foncé en général, ont la face allongée, les yeux jamais bridés; ils sont dolichocéphales, leptorhiniens, et ont une taille au dessus de la moyenne.

4° Les Aïssori, également brun foncé, sont ultra brachycéphales. On remarque aussi chez eux la mésati-prosopie, la leptorhinie, et une taille au-dessus de la moyenne.

5° Les Tadjiks, tous bruns, se distinguent par leur mésatifacialie, leur leptorhinie, leur dolichocéphalie et une taille élevée.

6° Les Persans Hadjemis, très bruns aussi, sont leptorhiniens, dolichocéphales et de taille moyenne.

7° Les Juifs, de couleur moyenne, sont ultra-brachycéphales. Ils se distinguent encore par leur mésatifacialie, leur leptorhinie et une taille moyenne.

8° Les Afghans bruns, brachycéphales, mésati prosopie, leptorhiniens sont de grande taille.

9° Les Kalmouks sont bruns, mésorhiniens ; ils ont les yeux bridés, la face large. Ils sont brachycéphales et de taille au-dessus de la moyenne.

10° Les Lesghiens sont de couleur moyenne, châtains, ultra-brachycéphales, mésati-prosopes, leptorhiniens et de taille élevée.

A la suite de cette communication durant laquelle l'auteur a fait passer sous les yeux du congrès de nombreuses photographies, M. Anoutchine a rappelé que, si M. Chantre a été le premier à étudier les peuples du Caucase et de la Transcaucasie au point de vue anthropométrique, il a maintenant des imitateurs. Toute une phalange de jeunes naturalistes et médecins russes poursuivent en ce moment des études anthropologiques au Caucase.

M. le professeur Kollmann. — *Les races humaines de l'Europe et la question aryenne.* — Dans cette communication, l'auteur rappelle que Blumenbach et Cuvier ont transporté le berceau des Européens des hauteurs de l'Ararat, dans les vallées du Caucase, tandis qu'ils plaçaient celui des races asiatiques dans l'Himalaya. Après eux Peschel faisait descendre des hauts plateaux du Caucase, non seulement les Européens, mais encore une partie des races asiatiques. L'idée de la communauté d'origine des Indo-Européens s'accrédita vite, leur berceau d'origine seul fut contesté. C'est alors que M. Max Muller émettait une nouvelle théorie, d'après laquelle la patrie primitive des Aryens aurait dû se trouver sur les rives de l'Oxus et de l'Iaxartes. Après lui, d'autres savants crurent devoir transporter ce berceau des Aryens en Europe, spécialement dans l'Europe centrale.

En 1883, on fit revenir à la Scandinavie l'honneur d'avoir été le point de départ de la race aryenne ; Penka soutient que le type blond dolichocéphale des habitants de l'Europe pourrait suffire à lui seul, à le désigner comme Aryen, et qu'il faut placer son berceau dans le nord de notre Continent. Le même auteur place en Asie le lieu d'origine des races brunes brachycéphales si répandues en Europe. De là surgit, comme on le voit, l'idée d'une double origine pour la population de l'Europe : des blonds autochtones ; des bruns émigrés de l'Asie.

D'après les observations statistiques sur la taille, la couleur des yeux, des cheveux et de la peau, il est prouvé qu'il se trouve dans le nord de l'Europe une population d'hommes blonds, d'une taille élevée, et qui est descendue depuis longtemps dans le midi du Continent. La population brune de l'Europe se rencontre de préférence dans le sud ; elle s'est avancée peu à peu vers le nord, puis s'est répandue dans tout le Continent. Aujourd'hui tous les peuples sont tellement pénétrés de blonds et de bruns, que chaque village en possède des représentants.

L'examen raisonné des formes du crâne et de la face a permis de déterminer la durée de cette union étroite et du mélange des deux races. On rencontre, en effet, sur notre Continent des dolichocéphales, des mésaticéphales et des brachycéphales. On laissera de côté les mésaticéphales, dit M. Kollmann, et l'on examinera seulement les dolichocéphales et les brachycéphales. Ces derniers sont en excès dans la population actuelle, et il est probable que cet excès existait déjà il y a un millier d'années, sans doute dans une autre proportion.

« Une recherche approfondie pour les IVe, Ve, VIe, et VIIe siècles après Jésus-Christ a donné, dit l'auteur, de précieux résultats. On trouve, en effet, les chiffres suivants :

Dolichocéphales.	21,9	pour 100.
Brachycéphales.	42,7	—
Mésaticéphales	35,4	—

« Ce petit tableau semble avoir une valeur incontestable. Et il ajoute : Aujourd'hui, grâce à l'introduction de noms purement anatomiques dans la description des crânes, beaucoup de savants reconnaissent quatre types au moins qui ont vécu et vivent encore ensemble en Europe :

1° Les dolichocéphales leptoprosopes;

2° Les dolichocéphales chamæprosopes ;

3° Les brachycéphales leptoprosopes ;

4° Les brachycéphales chamæprosopes.

Il faut ajouter ici que M. Kollmann, ainsi que bien d'autres anthropologistes, a cherché à découvrir dans les caractères morphologiques des races de l'Inde, si bien étudiées par Risley, des preuves en faveur de l'origine aryenne des Européens indiquée par la linguistique. Mais comme le dit lui-même M. Kollmann, l'espoir de trouver en Asie les ancêtres des types européens s'est évanoui de nouveau.

Au reste, pourquoi s'obstiner à vouloir trouver en Europe ou même dans l'Asie occidentale des traces d'un type aryen, alors que dans l'Inde même on n'a pas encore réussi a trouver le type de ce groupe humain qui a, suivant toute probabilité, communiqué à l'occident plutôt sa langue et sa civilisation que son sang.

Ne pouvant pas entrer davantage ici dans tous les détails de cette savante communication, nous terminerons en donnant les conclusions du professeur Kollmann, qu'il résume de la manière suivante :

« 1° Il est nécessaire de distinguer en Europe au moins quatre types différents ; 2° les types subsistent tous, sans aucun doute, depuis la période néolithique ; 3° ils ont toujours vécu les uns avec les autres et se sont mélangés ; dès lors la culture intellectuelle européenne est un produit commun de ces types ; 5° il n'y a qu'un seul type d'Asie que nous puissions considérer comme parent direct des types européens, à savoir le type dolichocéphale leptoprosope. »

En terminant, le professeur Kollmann s'exprime ainsi : « Ceci n'est qu'une simple supposition basée sur quelques données insuffisantes. Ce fut probablement d'Asie que partit la Renaissance intellectuelle de l'Europe, de même que le contraire se passe de nos jours ; mais il n'est pas encore admissible que le berceau d'où sortit l'humanité européenne, se soit trouvé sur ce continent. Depuis la période néolithique les types européens sont des types définitifs ».

Comme on le voit, ces conclusions ne peuvent être que provisoires.

Commissions internationales : anthropométrique, craniométrique et ethnologique. — Trois Commissions internationales ont été nommées durant le Congrès de Moscou; l'une, relative à la craniométrie, a fonctionné pendant la session; les autres, relatives à l'anthropométrie et à la nomenclature des peuples de l'Asie, devront fournir des rapports dans la prochaine session.

Commission craniométrique. — Sur la proposition de M. le professeur Kollmann de Bâle, le Congrès a nommé une Commission pour reviser la Convention de Francfort, et dans le but de doter l'anthropologie de mesures craniométriques internationales.

Ont été élus membres de cette Commission, MM. Anoutchine, Bogdanow, Chantre, Kollmann, Malieff, Sergi, Virchow, Zograf.

M. Virchow a été élu président.

M. Anoutchine secrétaire rapporteur.

Cette Commission a tenu deux séances durant lesquelles les méthodes françaises et allemandes ont été discutées tour à tour. Guidés exclusivement par les intérêts de la science, des concessions ont été faites de part et d'autre : une entente absolue n'a pourtant pas pu s'établir encore définitivement. Voici les résolutions principales auxquelles on s'est arrêté.

1° *Norma* ou *Orientation des crânes.* — Chacun reste libre de choisir celle qu'il préfère; toutefois la *norma horizontalis* ou *auriculo-orbitaire* est recommandée pour les dessins et les photographies.

2° *Grands diamètres.* — La longueur maximum et la largeur transverse maximum de la méthode française sont adoptées à l'exclusion des autres diamètres analogues. Toutes les fois que ces derniers seront employés, il sera indispensable de l'annoncer.

3° *Diamètres frontaux.* — A la largeur frontale minimum

seule adoptée en Allemagne, on ajoutera la largeur maximum qui doit être mesurée au point stéphanique de Broca.

4° *Hauteur totale du crâne.* — Cette mesure doit être conservée, mais on doit la prendre où elle tombe. La Commission préconise pour cette mesure le compas de Virchow.

Toutefois si l'on n'adopte pas cet instrument tel quel, il importe d'allonger les branches du compas glissière de Broca. L'utilité de cette modification se fait surtout sentir pour les mensurations sur le vivant. Ce n'est, en effet, qu'avec un compas glissière à longues tiges que l'on peut prendre la hauteur totale de la tête par le point auriculaire.

5° *Les courbes.* — On ne doit prendre les courbes qu'avec un ruban métrique d'acier. L'horizontale doit passer par les arcades sourcilières et les points les plus saillants. La transverse par les trous auditifs et le bregma.

6° *La face.* — La longueur doit être prise non plus des sutures jugo-maxillaires, mais des deux points qui donnent la largeur maximum. La hauteur supérieure doit être prise du nasion au point alvéolaire supérieur. La hauteur totale doit être prise du nasion au point mentonnier.

7° *Les orbites.* — Les diamètres de l'orbite doivent être mesurés des bords internes. Pour la largeur, il faut abandonner le point Dacrion.

8° *L'angle ophrio-naso-alvéolaire* peut être pris soit avec le goniomètre facial de Ranke, soit avec celui de Broca. Il importe toutefois d'indiquer pour cette mesure, comme pour toutes les autres, du reste, la méthode et les instruments que l'on a employés.

Commission anthropométrique. — *Sur les méthodes anthropométriques pratiquées en Russie et sur la nécessité d'établir une entente internationale pour les recherches anthropométriques.* — Sous ce titre M. Zograf a présenté un rapport dont les conclusions sont les suivantes : La nécessité d'établir une entente internationale à propos des méthodes de recherches anthropométriques a été discutée bien des fois. M. Zograf n'a pas eu l'intention de la soulever de nouveau dans toute son étendue ; il a voulu seulement appeler l'attention des membres du Congrès sur les méthodes employées en Russie, en vue d'établir une anthropométrie internationale.

L'école d'anthropologie russe, fondée par le professeur Anatole Bogdanow, a emprunté ses méthodes à l'école française, mais dans le courant des trente années qui se sont écoulées depuis sa création, les anthropologistes russes ont modifié quelques détails de ces méthodes. D'un autre côté l'expérience a montré que quelques observations ou mesures qui s'appliquent parfaitement aux recherches dans le laboratoire, ne peuvent pas être employées pendant un long voyage, parce qu'elles nécessitent un outillage compliqué, et que chaque kilogramme de bagage devient un obstacle plus que fâcheux pour l'explorateur.

Nous résumerons simplement ici les considérations exposées par M. Zograf.

La taille est mesurée en Russie de la même manière que dans les autres contrées de l'Europe, mais les recherches sur la taille dans ce pays ont pourtant quelques particularités que l'on doit discuter et peut-être changer, pour les comparer à celles du même genre faites ailleurs en Europe. Jusqu'à présent les Russes ne se souciaient pas de l'âge de l'individu mesuré, pourvu qu'il ait plus de dix-huit à vingt ans. Mais les recherches de Gouli et des autres anthropologistes statisticiens américains nous ont montré que la taille n'atteint son maximum que vers l'âge de vingt-cinq à vingt-sept ans. Les jeunes gens appelés au Conseil de revision et âgés de vingt et un ans n'ont pas encore atteint le maximum de leur taille ; leur circonférence thoracique est encore loin d'être tout à fait développée, et c'est pourquoi dans les populations de la Grande-Russie, on observe souvent des cas de sursis pour l'accomplissement du service militaire.

Ces faits ont engagé M. Zograf à proposer au Congrès les résolutions suivantes à étudier.

« Pour comparer entre eux les faits anthropométriques, observés chez les divers peuples et nations, et pour tirer de ces observations des conclusions définitives, il faut que ces observations soient faites sur des individus tout à fait adultes, c'est-à-dire sur les individus ayant atteint l'âge de vingt-cinq à vingt-sept ans. »

Cette proposition concerne non seulement les recherches sur la grandeur de la taille, mais aussi les autres mensurations du corps sur l'individu vivant.

Les mesures verticales pratiquées en Russie sont nombreuses, et nous en trouvons quelques-unes, par exemple celle de la mamelle et celle du périnée, qui ne se pratiquent plus dans les autres contrées de l'Europe, comme on le voit dans la liste qui fait suite aux *Éléments d'Anthropologie* de Topinard. D'autre part, quelques mesures employées par les anthropologistes français ou allemands manquent : telles sont, par exemple, les hauteurs au-dessus du sol du point sourcilier, du point spinal, de la fente buccale.

M. Zograf exprime le désir que les observateurs futurs emploient plutôt les méthodes de l'observation directe à l'aide des compas glissières anthropométriques, que l'observation à l'aide des projections. Il propose aussi que la grande envergure soit mesurée quand les bras sont étendus horizontalement et en ligne droite. Que la circonférence thoracique soit mesurée quand les bras pendent librement en ligne verticale. Enfin les comparaisons chez les divers peuples et races n'ont une valeur scientifique qu'autant que ces grandeurs sont prises sur des individus totalement adultes.

Les mesures prises sur le crâne et le visage sont, en Russie, les mêmes que partout ailleurs. Cependant quelques savants russes ne pratiquent pas encore les mesures du nez. On doit pourtant, dans les recherches nouvelles, employer de plus en plus ces mesures de si haute importance.

Des détails d'observations diffèrent encore des méthodes occidentales. Ce sont, par exemple, les mesures de la longueur totale du visage et de ses parties séparées. En Russie, la longueur du visage est jusqu'ici encore calculée par l'addition des grandeurs des parties séparées du visage. Ainsi M. le professeur Bogdanow, M. Kharousine et M. Zograf entendent sous le nom de longueur totale du visage la somme des distances : 1° entre la limite des cheveux et le point sus-sourciliaire ; 2° entre ce dernier et le point sous-nasal, et 3° entre le point sous-nasal et le point culminant du menton. On comprend facilement que la somme des distances représente une ligne brisée, tandis que la distance normale entre la limite des cheveux et le point culminant du menton doit être une ligne droite, d'une grandeur inférieure à la longueur du visage calculée à l'aide de l'addition des longueurs des parties séparées du visage. Cette erreur ne se rencontre pas seulement chez les Russes, mais aussi chez beaucoup de savants allemands et français. Il y a donc lieu de décider que la mesure de la longueur totale du visage doit être prise par une mensuration directe.

L'auteur faisant ressortir ensuite la nécessité d'une liste réduite de mesures, n'est pas éloigné d'adopter celle des Français. Il est indispensable, en effet, que les voyageurs qui ne séjournent pas longtemps dans les pays qu'ils traversent aient des listes de mesures beaucoup plus restreintes que celles destinées aux observateurs stables.

A la suite de cette communication, une Commission internationale a été nommée pour étudier les propositions de M. Zograf. Cette Commission, qui doit s'efforcer d'unifier autant que possible les méthodes d'observations anthropométriques, devra présenter un rapport dans la prochaine session. Elle est composée de MM. Anoutchine, Bogdanow, Chantre, Kollmann, Malieff, Sergi, Tickhomiroff, Virchow, Zograf. M. Bogdanow a été élu président de cette Commission et M. Zograf, secrétaire rapporteur. Son siège est à la Société Impériale des sciences naturelles et d'anthropologie de Moscou.

Ernest Chantre. — *Projet de réforme dans la nomenclature des peuples de l'Asie* — Sous ce titre, M. Chantre a présenté un rapport dont les conclusions sont les suivantes :

« Considérant que malgré, l'activité et la sagacité des savants qui se sont occupés jusqu'à ce jour de l'ethnologie des peuples de l'Asie, il existe encore de trop nombreuses confusions dans leur nomenclature, je propose au Congrès d'anthropologie d'inscrire, dès à présent, parmi les questions les plus urgentes à étudier, une *revision complète de la nomenclature de ces peuples, basée sur des données scientifiques.*

« Dès à présent, et à cet effet, une Commission internationale composée d'anthropologues, de philologues, d'archéologues et d'historiens pourrait être instituée près le comité permanent des Congrès. Cette Commission pourrait préparer pour la prochaine session un premier rapport sur lequel il serait définitivement statué. L'ethnologie posséderait alors une nomenclature internationale, comme la paléoethnologie possède maintenant une légende internationale pour ses cartes d'archéologie préhistorique.

« En attendant qu'il plaise au Congrès de donner suite à cette proposition, j'appellerai l'attention des anthropologues sur la nécessité d'exclure, dès à présent, de la nomenclature ethnologique, toute détermination vague ou trop locale, ou donnant lieu à des confusions. J'émettrai enfin le vœu qu'il soit conservé à chaque peuple, et cela jusqu'à ce qu'une entente internationale ait pu avoir lieu, l'orthographe nationale du nom sous lequel il est actuellement connu. Il est essentiel d'éviter ces transformations multiples que les traducteurs font subir, suivant les exigences de leur langue, aux noms d'origine turque ou arabe par exemple. On pourrait, en cette matière, s'inspirer de ce qui a été demandé, en maintes circonstances, pour les noms géographiques.

Ces conclusions ont été adoptées par le Congrès qui a nommé une Commission composée de MM. Anoutchine, Bogdanow, Chantre, Deniker, Halil Edhem bey, Malieff, Miller, Zagarelli, Zograf.

M. E. Chantre a été élu président de cette Commission ; M. Zograf, secrétaire rapporteur.

Cette commission pourra se subdiviser en sous-Commissions, et s'adjoindre toutes les personnes qu'elle jugera utiles pour faciliter ses travaux.

Le siège de la Commission sera à la Société Impériale des Amis des sciences naturelles et d'anthropologie.

Si les anthropologistes russes avaient à faire connaître les résultats de leurs recherches sur les caractères morphologiques des populations de leur pays, ils avaient également à exposer leurs découvertes archéologiques dont le nombre et l'importance sont devenus considérables dans ces dernières années, notamment dans le nord de la Russie et en Sibérie.

M. Nikitine. — Dans le domaine de la paléontologie, on remarque une communication d'un savant géologue, M. Nikitine, intitulée : *Sur la constitution des dépôts quaternaires en Russie et leurs relations avec les trouvailles préhistoriques.*

M. Tschernyschef. — Une autre communication due également à un géologue distingué, M. Tschernyschef, a pour titre : *Aperçu sur les dépôts post-tertiaires en connexion avec les trouvailles des restes de la culture préhistorique au nord et à l'est de la Russie d'Europe.*

M. Dokouttchaiew. — Ce savant observateur a envoyé un mémoire fort curieux sur les changements opérés dans les steppes depuis les temps préhistoriques jusqu'à nos jours. Son travail est intitulé : *Les steppes russes autrefois et aujourd'hui.*

La période paléolithique a été étudiée spécialement dans les environs de la ville de Novgorod par M. Peredolsky.

M. Anoutchine. — *Sur les crânes anciens déformés, trouvés en Russie.* — M. Anoutchine a fait connaître aussi l'existence de débris de l'*Ursus speleus* dans plusieurs localités de la Russie, principalement dans la Pologne occidentale, la Russie méridionale, et dans la Transcaucasie orientale. Il a rappelé la présence fréquente des restes de l'*Ovibos fossilis* dans les dépôts d'alluvions de la Sibérie.

M. Savenkof. — *Sur les restes de l'époque paléolithique dans les environs de Kranoyarsk (Sibérie).* — C'est madame la comtesse Ouvarow qui a fait connaître les trouvailles de l'âge de la pierre de M. Savenkof sur les bords de l'Ienissei, ainsi que les antiquités préhistoriques du musée de Nertchinsk (Sibérie orientale). Une partie des découvertes de M. Savenkof ont été faites dans les alluvions des bords de l'Ienisséi, et par une étude attentive des dépôts ou terrasses de ce fleuve, ainsi que des formations aériennes, il a pu établir l'âge relatif de chacune des séries archéologiques qu'il y a constatées. Parmi les objets recueillis par M. Savenkof, il en est qui se rapportent au type moustérien et d'autres au type chelléen.

M. Peredolsky. — *L'époque paléolithique dans le Gouvernement de Novgorod.* — M. Peredolsky a présenté au Congrès une autre communication sur ses découvertes préhistoriques, sur les rivages du lac Ilmen et sur ceux de la rivière de Volkhof. Les antiquités trouvées sont analogues à celles que M. Inostrantzeff a trouvées autrefois sur les bords du lac Ladoga et appartiennent à l'époque néolithique. Ce même archéologue a encore communiqué un mémoire sur « Le Jalnik » (nécropole) de Juriévo, dans le district de Borowitchi, gouvernement de Novgorod et appartenant à l'époque néolithique.

M. Kratow. — *Gisements d'outils en pierre dans le district de Jaransk, gouvernement de Viatka.* — M. Kratow qui étudie, ainsi que M. Spitzine, depuis plusieurs années la préhistoire du district de Jaransk dans le gouvernement de Viatka, a découvert de nombreux « garoditchtschés » (campements) dans lesquels se trouvaient des outils divers en pierre, en bronze, en fer, même des objets en argent et en or.

Ce sont surtout les vestiges de l'âge de la pierre le plus moderne qui ont attiré l'attention de cet archéologue. Les ustensiles en pierre et en os paraissent avoir persisté fort longtemps, car on les trouve associés à des objets en fer.

Beaucoup plus intéressant encore est le mémoire de M. Spitzine sur les « goroditchtschés » à ossements du nord-est de la Russie et notamment de la région de la Kama, et surtout des environs de Viatka. Le fait capital énoncé par M. Spitzine est la présence dans ces campements de nombreux objets en os très durs, sculptés et bien polis, qu'il croit devoir appartenir à une civilisation transitoire entre l'âge de la pierre et l'âge du bronze, du genre de celle que l'on a reconnue dans la nécropole d'Ananino. On a trouvé dans ces « goroditchtschés » des objets en pierre et d'autres en bronze. Les objets sculptés dans l'os sont des manches de couteaux, des hameçons ou harpons, et les sujets représentés sont des têtes d'élan, de chien, d'ours, de cochon, etc.

Il est curieux de trouver dans cette partie de la Russie, à l'époque néolithique, ces sculptures sur os et sur ivoire que l'on ne connaît en Occident qu'à la période paléolithique. On était en droit de se demander s'il n'y avait pas quelque erreur dans l'étude du gisement, ou quelques mélanges, mais en présence des explications fournies par l'auteur, le Congrès n'a eu qu'à enregistrer ce fait qui ouvre des horizons nouveaux sur l'archéologie préhistorique de la Russie.

M. Smirnov. — *Contribution à l'Ethnographie préhistorique de la Russie centrale et du Nord-Est.*

L'auteur a réuni d'abord des matériaux considérables pour la classification chronologique des monuments archéologiques finnois qui lui ont permis d'arriver aux conclusions suivantes :

1° Les données linguistiques permettent de supposer qu'une partie des restes de la période néolithique de la Russie centrale peut appartenir aux Finnois.

2° Pour la détermination de l'antiquité des *goroditchtschés* et autres restes des habitations humaines, il faut avoir en vue l'histoire du développement de la demeure finnoise.

3° L'antiquité des sépultures peut être déterminée, entre autres, par les ossements d'animaux déposés avec le mort.

4° La position du squelette N.-S. peut être regardée dans la Russie centrale, comme un des indices des sépultures anciennes des Finnois.

M. Smirnow établit ensuite la distribution géographique des tribus finnoises dans la Russie centrale et le N.-E. aux temps préhistoriques. Les résultats que lui ont donnés les recherches de ce genre l'ont conduit aux conclusions suivantes :

1° A la catégorie des monuments des époques préhistoriques se rapportent les noms géographiques (noms des lieux).

2° Pour la détermination du peuple auquel appartiennent les objets anciens, il faut avoir en vue les noms des lieux environnants; pour les monuments les plus anciens, les noms des grands fleuves.

3° Les noms de lieux de la Russie du Nord et du Centre prouvent que sa population pré ou protohistorique a été plus homogène à l'est dans la région des Permiens et des Ongriens, et plus mélangée à l'ouest.

Prince Poutjatine. — *Traces de morsures sur les ossements des périodes paléolithique et néolithique.* — Après avoir passé en revue les nombreux faits observés par des savants de divers pays, et relatifs aux incisions constatées sur des ossements de divers gisements, le prince Poutjatine s'arrête sur certaines traces qu'il a remarquées sur les os humains de la station moustérienne de Bolo-goïé, et il conclut de là à l'existence de l'anthropophagie.

M. Sizoff a donné, durant la séance qui a eu lieu dans le local de l'exposition archéologique, un aperçu fort goûté sur la structure des différents types de tumulus et des tombeaux préhistoriques de la Russie. Cette communication était appuyée par la présentation de nombreux modèles à l'échelle.

M. Troïtzky. — *Vestiges du Paganisme dans la région située entre les cours supérieurs de l'Oka et du Don.* A la suite d'une étude fort bien conduite de la question, l'auteur présente les conclusions suivantes :

a) Les vestiges de paganisme découverts dans la région située entre les cours supérieurs de l'Oka et du Don indiquent l'existence en ce lieu d'un culte du feu, des arbres et des pierres.

b) Ce culte se basait sur la croyance à la force purificatrice, préservatrice, productrice et vivifiante du feu, et à son action sur la vie individuelle, familiale et sociale des antiques habitants du pays.

c) La croyance à cette force et à son action sur la vie s'est modifiée peu à peu sous l'influence des idées chrétiennes, et les tables de sacrifices ont fait place aux autels des églises élevées en l'honneur du Sauveur et de ses saints.

d) Le culte des pierres qui a été si répandu autrefois dans cette région, et qui a laissé des traces si caractéristiques dans les mœurs et le genre de vie des habitants actuels, a été, sans aucun doute, la religion primitive des antiques possesseurs du sol, les Finnois.

M. Lubor Niederle (de Prague). — *Des derniers résultats de l'archéologie préhistorique en Bohême et ses rapports avec l'Europe orientale.*

M. Ivanovski. — *Quelques données sur les questions : 1° de l'existence simultanée de l'usage de la sépulture et de l'incinération ; 2° des statues appelées Kamennia baby.*

M. Stieda de Dorpat. — *Les différentes formes de suture palatine transversale.*

M. Sergi. — *Nouvelle classification des crânes humains.* — Convaincu de l'inutilité de la plupart des mesures que les anthropologistes ont cru devoir instituer pour établir des catégories parmi les diverses formes que présentent les crânes humains, M. le professeur Sergi propose une nouvelle méthode d'observation.

Cette nouvelle méthode, qu'il n'a du reste pas exposée au Congrès, paraît consister en la substitution des observations directes au juger aux mensurations.

M. Sergi a longuement décrit les avantages de sa méthode, mais il ne semble pas avoir réussi à faire partager à l'assemblée sa manière de voir.

Enfin, le 20 août à 2 heures a eu lieu la séance de clôture du Congrès.

M. Anoutchine, secrétaire général a lu un rapport sommaire sur les travaux de la session, puis les délégués des gouvernements étrangers ont pris, tour à tour, la parole pour remercier en termes chaleureux les organisateurs du Congrès, ainsi que la ville de Moscou de l'hospitalité grandiose qui leur avait été offerte.

M. Chantre a particulièrement remercié, d'abord LL. AA. II., le Grand-Duc Serge et la Grande Duchesse d'avoir bien voulu s'intéresser au Congrès; puis l'Université et la Société impériale des amis des sciences naturelles et d'anthropologie qui ont si largement et si gracieusement ouvert leurs portes au Congrès, enfin le savant et sympathique professeur A. Bogdanow, l'initiateur de l'anthropologie à Moscou et de la plupart des grandes œuvres qui s'y créent, en même temps que le principal organisateur de ce Congrès si remarquable.

Le président annonce ensuite que S. M. l'empereur Alexandre III a daigné accorder aux Congrès internationaux d'anthropologie et de zoologie une somme de 15.000 roubles (60.000 francs) en témoignage de l'intérêt qu'il prenait à leurs travaux. Dans le but de perpétuer le souvenir de cette libéralité, le Congrès de zoologie a décidé la création d'un prix, en l'honneur de S. M. l'empereur. Pour cela une somme de 3500 francs en argent (14000) sera prélevée, capitalisée et gérée par le trésorier de la Société impériale des amis des sciences naturelles, et les intérêts de cette somme serviront à instituer des prix, lesquels seront attribués alternativement au Congrès d'anthropologie et d'archéologie préhistorique et au Congrès de zoologie. Les intérêts des deux annuités les Congrès ayant lieu tous les trois ans) seront alternativement attribués à chacun d'eux, et les intérêts de la troisième annuité resteront à la Société qui les emploiera aussi à des prix.

Afin de perpétuer le souvenir de l'intérêt que S. A. le grand-duc Serge a porté au Congrès, les délégués étrangers, de concert avec les savants russes présents, ont proposé de fonder un prix qui portera son nom. Ce prix sera décerné par l'Association russe pour l'avancement des sciences, et le montant en sera fourni par une souscription qui a été ouverte immédiatement.

Le prince Galitzine, l'aimable et sympathique président, après avoir retracé la part qui revient au Congrès dans les progrès récents des sciences, a remercié le président d'honneur, les autorités constituées et tous les participants, puis il a déclaré la XIe session close.

En ce qui concerne le lieu de la prochaine session, on a parlé de Bukarest, d'Athènes et de Constantinople. Aucune réponse affirmative n'ayant été donnée par ces villes, le prince Galitzine a été chargé par le bureau, comme délégué de Moscou de s'entendre avec le comité permanent des congrès, pour le choix de la ville où l'on devra se réunir dans trois ans. Toutefois le Bureau a manifesté ses préférences pour Constantinople.

Lyon. — Imp. Pitrat Ainé, A. Rey Successeur, 4, rue Gentil. — 5011

www.ingramcontent.com/pod-product-compliance
Ingram Content Group UK Ltd.
Pitfield, Milton Keynes, MK11 3LW, UK
UKHW021034260726
13994UKWH00005B/2147